AF346689

RECHERCHES

SUR LA POPULATION

DU

GLOBE TERRESTRE,

PAR

J. B. EYRIÈS.

PARIS,

CHEZ A. PIHAN DE LA FOREST,

RUE DES NOYERS, Nº 37.

ET A LA LIBRAIRIE-GIDE,

RUE SAINT-MARC, Nº 23.

1833.

RECHERCHES

SUR

LA POPULATION DU GLOBE TERRESTRE,

PAR J. B. EYRIÈS.

L'espèce humaine est répartie très inégalement sur la surface du globe. Dans quelques pays, les hommes vivent très rapprochés les uns des autres, leur nombre s'y accroît, et des familles entières sont obligées d'aller chercher ailleurs des terres qui leur fournissent les moyens d'exister ; dans d'autres, au contraire, la population est éparse, elle fait peu de progrès ; quelquefois même elle diminue, et les vicissitudes qu'elle éprouve la maintiennent à peu près dans le même état ; enfin, il est des contrées, même très étendues, qui sont et ont été constamment inhabitées, et que les hommes ne fréquentent dans certaines saisons que pour faire la pêche le long des côtes qui les bornent, ou pour y chasser pendant l'été ; et, s'ils y forment des établissemens temporaires, ils les abandonnent aux approches de l'hiver.

Dans plusieurs pays où la population fut autrefois considérable, elle est aujourd'hui bien diminuée. Dans d'autres, elle s'accroît continuellement avec plus ou moins de célérité ; dans d'autres enfin , ses progrès sont lents.

Tous ces résultats sont produits par des causes différentes et connues généralement ; mais il est permis de croire qu'elles n'ont pas été appréciées convenablement par tous les écrivains qui se sont occupés de l'économie politique ou de la statistique, ou par ceux qui ont seulement parlé accidentellement de population. Les uns, en signalant son état actuel, ont pensé que, dans quelques pays, elle avait été plus forte qu'elle ne l'est maintenant ; les autres, en observant sa marche progressive , ont semblé en vouloir tirer une conclusion qu'il en serait de même toujours et partout, et que l'accroissement du nombre d'hommes n'ayant pas de bornes, ils finiraient par couvrir toute la surface de la terre.

Il faudrait, pour que ce résultat fût possible dans la suite des siècles , que les hommes trouvassent partout le moyen de se nourrir et de se loger afin de vivre ; car un pays n'est habitable qu'autant que l'homme peut y subsister, et s'y mettre à couvert des intempéries du climat auxquelles il est exposé ; mais l'expérience prouve que plusieurs régions du globe sont inhabitables par ces deux causes ou par l'une d'elles, et que par consé-

(5)

quent une partie de la surface de la terre restera inhabitée.

Il ne sera pas difficile de développer les preuves de cette proposition.

La surface du globe est évaluée à . . 25,600,000 lieues carrées, de 25 au degré ;
Sur cette quantité, la mer occupe . . 18,865,000
Il ne reste donc pour la terre que . . 6,825,000

Maintenant examinons comment cette surface est répartie entre les différentes parties du monde ; nous ajouterons pour chacune la population qui lui est attribuée à l'époque où nous écrivons. Les nombres adoptés par M. Balbi dans son *Abrégé de Géographie*, sont ceux auxquels nous nous sommes arrêtés, à l'exception de quelques différences.

	lieues carrées.	habitans.
Europe. . .	492,000.	225,000,000.
Asie.	2,108,000.	390,000,000.
Afrique. . .	1,496,000.	70,000,000.
Amérique. .	2,197,000.	40,500,000.
Océanie. . .	532,000.	20,300,000.
	6,825,000.	745,800,000.

On voit que l'Asie est la partie du monde la plus grande et la plus peuplée ; mais, comparativement à sa surface, elle l'est bien moins que l'Europe, puisque la population relative de celle-ci est de 458 individus par lieue carrée, tandis que celle de l'Asie n'est que de 185.

peuplée, proportionnellement à son étendue. Il n'entre pas dans notre plan de rechercher si plusieurs causes ont pu contribuer à produire ce résultat ; nous nous bornerons à en indiquer une seule, parce qu'elle est la plus puissante, et que de plus elle n'est pas sujette à varier suivant le caprice des hommes ; et nous dirons : l'Europe est la plus peuplée des cinq parties du monde relativement à sa surface, parce que c'est celle qui offre la quantité la plus considérable de terre propre à être habitée.

En effet, comprise entre le 34° et le 71° degré de latitude nord, elle n'a qu'environ 4 degrés et demi de son étendue, situés sous la zone glaciale : tout le reste appartient à la zone tempérée. A la vérité, la partie de celle-ci, qui se rapproche de la zone glaciale, éprouve, comme ailleurs, les effets désastreux du froid ; mais à un moindre degré que dans les autres parties du monde, surtout dans ses contrées occidentales. La position de l'Europe et de plus sa configuration extraordinaire lui ont donné un climat particulier, très différent de celui des régions placées sous les mêmes latitudes. Elle peut être regardée comme le prolongement occidental de l'ancien continent. Or, l'expérience a appris que les parties occidentales de tous les continens ne sont pas seulement plus chaudes à égales latitudes géographiques que les parties orientales ; mais que, même dans les zones d'égale température annuelle, les hivers sont plus rigoureux et les étés plus chauds sur les côtes orientales que sur les côtes occidentales des deux continens. L'Europe est baignée au nord, au sud et à l'ouest par des mers ; la Méditerranée la sépare, au sud, de l'Afrique et d'une partie de l'Asie ; l'Océan atlantique, de l'Amérique; elle ne tient au reste de l'ancien continent que par l'est. Un vaste bras de mer pénètre dans son intérieur vers le milieu de la portion septentrionale de la zone tempérée. Il en résulte que le climat général de l'Europe a quelque chose d'analogue à celui des îles, où la chaleur et le froid ont moins d'intensité que dans les continens. Comme elle est plus voisine du pôle que de l'équateur, elle n'est pas exposée aux sécheresses brûlantes de l'Afrique; mais, comme en même temps son extrémité la plus septentrionale est éloignée de 19 degrés du pôle arctique, elle ne subit pas l'action du froid au même degré que les autres continens qui s'avancent davantage vers le nord.

On en a la preuve par la comparaison des degrés de latitude sur lesquels passent les lignes isothermes dans les contrées boréales de diverses parties du monde.

Celle de O. passe dans l'intérieur de la Laponie entre Umeo (63 °5o′) et Enontekis (68° 3o′ lat.) et Table bay sur la côte de Labrador en Amérique (54ⁿ lat. 6o long. O).

Celle de 5° passe près de Stockholm (6o° lat.

15° long. E.), et par la baie de S. Georges, côte de Terre-Neuve (48° lat. 61° long. O).

Examinons aussi la température moyenne de divers lieux.

	lat.			
Fort Churchill (côte O de la mer de Hudson)............	59°	2	—	3. 7
Nain (côte du Labrador) ..	57.	3	—	3. 1
Okak (————————) ..	57.	20	—	1. 2
Enontekis (Laponie)......	68.	30	—	2. 8
Umeo (côte O. du golfe de Botnie).................	63.	50	+	0. 7
Upsal.....................	59.	51	+	5. 5
Stockholm	59.	20	+	5. 7
Quebec (Canada).........	46.	47	+	5. 5
Nantes (France)	47.	13	+	12. 0

La température moyenne du mois le plus chaud et le plus froid n'offre pas des différences moins remarquables.

	latitude.		mois le pl. fr.	—	m. le pl. ch.
Cincinnati....	39°	6	— 0. 8	+	29. 0
Peking.........	39.	56	— 4. 0	..	29. 0
Philadelphie...	39.	56	— 1. 2	..	25.
New-York....	40.	40	— 3. 7	..	27.
Rome........	41.	53	+ 5. 6	..	25.
Milan.........	45.	28	+ 1. 0	..	24.
Bade.........	47.	29	— 2. 4	..	22.
Paris	48.	50	+ 1. 7	..	21.
Quebec.......	46.	47	— 00. 0	..	23.
Dublin	55.	20	+ 3. 1	..	15. 7

Edimbourg....	55. 57	+	3. 5 ..	15. 2
Varsovie.....	52. 14	—	2. 7 ..	21. 3
S. Pétersbourg.	59. 56	—	13. 0 ..	18. 7

Maintenant jetons un coup-d'œil sur la température moyenne de l'année de quelques lieux du nord de l'Europe.

Copenhague......	55°	41	+ 6° 2
Stockholm........	59.	20	+ 5. 7
Upsal...........	59.	51	+ 5. 5
S. Pétersbourg....	59.	56	+ 3. 8
Christiania.......	59.	58	+ 5. 3
Umeo...........	63.	50	+ 0. 7
Uleo...........	65.	00	+ 0. 6
Enontekis........	68.	30	— 2. 8
Cap-Nord........	71.	00	— 00.

Les faits que nous venons d'exposer, indiquent évidemment que les contrées de l'Europe septentrionale ont un climat très différent, suivant qu'elles sont situées à l'est ou à l'ouest du golfe de Botnie, et que parmi ces dernières celles qui sont sur la côte occidentale de la péninsule scandinave, ont une température plus douce que celles qui se trouvent sur sa côte orientale.

Le chêne croît naturellement dans l'ouest, jusque dans les environs de Drontheim (63° 25′ lat.), tandis que dans l'est, il cesse de pousser à 60° 40′. Sur la côte méridionale de la Finlande, on ne le retrouve guère au-dessus d'Abo (60° 26′); de l'autre côté du golfe, il ne peut arriver jusqu'à Narva (59°

22′). Enfin dans l'intérieur de la Russie, à mesure qu'on s'avance à l'est vers l'Oural, cet arbre ne se montre plus au-delà de 57° 30′ : on en a planté quelques-uns plus au nord, mais ils ne font pas de progrès, restent chétifs, et exigent même des précautions pendant la mauvaise saison.

Cette particularité est essentielle à noter, parce que la limite où le chêne cesse de croître, marque en même temps celle du cerisier et de plusieurs arbres fruitiers, ainsi que celle du froment. Cette plante précieuse peut être donc cultivée en Europe bien avant vers le nord.

Quant aux autres céréales, nous lisons dans le voyage en Laponie de M. de Buch, que vers le 70me degré de latitude, les vallées ne sont pas décidément rebelles à la culture, on y voit des jardins potagers et des champs d'orge; on y trouve encore des villages aux embouchures des rivières dans la mer, et de belles forêts de pins et de bouleaux. Ainsi l'homme peut encore former des habitations sur quelques points fixes dans cette région boréale; la plus reculée est à Vardœhuus, sur la côte septentrionale de la Laponie, sous 70° 22′; elles sont situées sur les bords de la mer, parce que la navigation qui peut avoir lieu pendant l'été, offre la facilité de se procurer les choses nécessaires à la subsistance.

Tout indique que la température est moins rigoureuse dans ces contrées boréales de l'Europe que dans celles qui sont plus à l'est, ou dans d'autres parties du monde sous la même latitude. M. Wahlenberg nous apprend qu'en Laponie, l'orge donne des moissons abondantes partout où les mois d'été atteignent une température moyenne de 8° 5′ à 9°. C'est pourquoi on trouve cette céréale et la pomme de terre jusqu'à 69° 30′ près de Lingen, dans les plaines; et à 116 toises d'élévation près de Muonioniska, par 68°. Les voyageurs ont parlé avec étonnement de la rapidité avec laquelle les céréales croissent et mûrissent dans les pays septentrionaux; mais cela ne peut s'appliquer qu'à l'avoine et à l'orge. Cette dernière céréale exige, pendant quatre-vingt-dix jours, une température de 8° 5′ à 9°, pour pouvoir être cultivée avec avantage. Cependant toutes les années ne sont pas également favorables, et quelquefois des gelées hâtives viennent détruire l'espoir de la récolte.

Les terrains élevés de l'intérieur éprouvent complètement l'inclémence du climat de ces latitudes. La chaîne des montagnes du Kœlen qui se prolonge du S. au N., puis se courbe au N. E., s'élargit sous le 68me degré de lat. : quoique ses cimes n'aient, en général, qu'une élévation absolue de 500 toises : elles sont pour la plupart couvertes de glaces et de neiges perpétuelles; les plaines et les vallées hautes ne peuvent pas être cultivées, elles sont en grande partie couvertes de l'espèce de lichen qui fait la nourriture ordinaire des rennes. Ce ruminant est le seul animal domestique que l'homme y emploie pour bête de somme ou de trait. Les lieux sujets à être inondés forment des fondrières dont la surface seule dégèle, et dont le fond reste pris par les glaces. On conçoit que la population est très peu nombreuse dans cette région élevée : elle ne se compose que de Lapons nomades.

La chaîne du Kœlen par sa position à l'extrémité septentrionale de la péninsule Scandinave, où ses promontoires les plus avancés sont battus par les flots de la mer, met les plaines sur lesquelles elle domine au Sud à l'abri de l'action des vents perçans du nord. Elle s'abaisse beaucoup à l'E. du 25me méridien de Paris ; on n'y aperçoit plus de glaciers, mais les plaines, au niveau desquelles elle disparaît, sont couvertes de neige pendant la plus grande partie de l'année, et jusqu'aux monts Oural qui séparent l'Europe de l'Asie, la température de cette région inférieure est beaucoup plus basse que dans la péninsule Scandinave. La ligne de partage des eaux n'est plus marquée par des cimes d'une élévation remarquable, elle ne consiste qu'en dos de pays qui se prolongent d'abord vers le S. E. à travers la Finlande, et ensuite filent à travers la Russie entre les 60me et 62me parallèles. Il en résulte que la pente du pays vers le nord l'expose à toute l'âpreté des vents qui soufflent de ce point de l'horizon. Cette partie de la Russie européenne est peu habitée à cause de la stérilité du sol et de la rigueur du climat ; elle est couverte de bois et de marais. Au nord du 67me de gré, la terre est gelée pendant dix mois de l'année ; on n'y voit que des arbustes. En-deçà, la terre est dans quelques endroits susceptible d'un peu de culture en orge, mais la récolte est très précaire. Ce n'est qu'à 65° que la température est constamment supportable pour l'homme : les arbres y croissent, mais lentement.

La côte de la Russie européenne, baignée par la mer Glaciale, a la température hivernale bien différente de celle qu'offre cette même mer à l'O. du Cap-Nord, et cependant elle est plus au sud que celle de la presqu'île scandinave ; ses bords offrent généralement des marécages ; elle est coupée par la mer Blanche ; ce grand golfe, qui pénètre très avant dans les terres, est pris par les glaces dès le mois de septembre, et ne dégèle qu'en juin. Néanmoins ce temps suffit pour qu'un commerce actif ait lieu par le port d'Arkhangel, situé sous 64° 31′ de lat.

La population est peu considérable relativement à l'étendue du pays ; indépendamment des Russes et des Finois, elle consiste, à l'ouest de la mer Blanche, en Lapons ; à l'est de ce bras de mer, en Samoyèdes, peuples nomades ou bien pêcheurs, suivant les localités.

L'étendue des régions que nous venons de passer en revue peut être évaluée à 40,000 lieues carrées ; elles ne sont pas favorables à l'accroissement de l'espèce humaine, mais elles ne sont pas inhabitables partout; une partie de leur surface peut seulement être considérée comme telle, soit par le froid, soit par la stérilité du sol.

Ces deux causes se retrouvent dans différentes contrées du reste de l'Europe; mais la totalité de la surface, couverte soit par des glaciers, des marais, des lacs, des montagnes, des rochers, des sables, des terrains salans, en un mot, des terrains rebelles à la culture, est bien peu considérable relativement à celle des terres qui peuvent être labourées.

En estimant à un *sixième* de la surface totale de l'Europe, ou à 82,000 lieues carrées, l'espace qui ne peut être mis en culture, on approcherait beaucoup de la vérité : nous allons voir que, dans les autres parties du monde, il est bien plus considérable. Occupons-nous d'abord de celle qui est contiguë à l'Europe.

L'Asie s'étend du sud au nord, depuis le 1er jusqu'au 78e degré de latitude ; elle offre, surtout dans le nord, une masse extrêmement compacte ; ce n'est que dans la zone tempérée et dans la zone torride que sa partie occidentale est baignée par la mer, et peut jouir de l'avantage qui résulte de cette exposition pour la température. Ainsi, tous les pays qui, dans ce massif, sont situés au nord du 45e parallèle, ont un climat plus froid que ceux qui, en Europe, se trouvent sous les mêmes latitudes.

Une autre cause y contribue également. La chaîne des monts Altaï, qui prend naissance sous le 80^e

méridien à l'est de Paris , traverse l'Asie sous les
5o et 51° 3o′ de latitude , et se prolonge à l'o-
rient ; elle laisse donc exposé complètement à l'action des vents du nord l'espace immense compris
entre leur pied et la mer Glaciale ; il y a ainsi une
région de 14 à 16 degrés en latitude qui subit l'influence boréale du climat au plus haut degré. C'est
cette région qu'on nomme la Sibérie.

Une partie est située dans la zone glaciale, une
autre dans la zone tempérée, mais cette dernière
est réellement très froide. Tous les témoignages
recueillis par Georgi dans sa *Description de la
Russie*, et ceux que nous ont fournis des relations
de voyageurs du dix-neuvième siècle, démontrent
qu'en Sibérie les cantons compris dans la zone
tempérée ont un climat plus rude que ceux de
l'Europe sous les mêmes latitudes, et que plus on
avance vers l'est, plus sa rigueur augmente. Le
pays, en s'abaissant du nord au sud depuis les montagnes jusqu'à la mer Glaciale, présente une plaine
entrecoupée de collines et de dépressions ; celles-ci
sont remplies de landes, de marais, de fondrières,
d'étangs, de lacs, de ruisseaux et de rivières. La
partie méridionale de la zone tempérée est un pays
haut ; on y voit des forêts de bouleaux, de trembles ,
de sapins, de mélèses, de pins ; on y voit des pâturages
propres à élever des bestiaux.

Entre le 8o° méridien oriental de Paris et la
chaîne de l'Oural, les montagnes disparaissent ; un

dos de pays dont les plus hauts sommets ne s'élèvent pas à plus de 3oo toises au-dessus du niveau de la mer, forme la ligne de séparation des eaux. Cette contrée abonde en steps; une triste uniformité règne dans toute cette contrée depuis les rives du lac Aral et du Sihoun, jusqu'à la mer Glaciale. Dans le sud, le terrain est maigre et salé, on ne trouve que des eaux saumâtres.

Au-delà du Ienisseï, et à l'est du méridien du lac Baïkal, la Sibérie prend un caractère plus montueux que dans l'ouest; mais le sol s'abaisse et s'aplatit vers le nord; il est généralement froid et humide, et devient rebelle à la culture; les arbres diminuent graduellement en nombre et en dimension, enfin ils disparaissent totalement dans la zone glaciale. Ils y sont remplacés par de chétifs buissons et des broussailles. Les marais tourbeux deviennent fréquens, la terre finit par être absolument nue; on voit beaucoup d'étangs et de petits lacs sans écoulement; la mer Glaciale est souvent bordée de ces marais tourbeux; tous ces amas d'eaux forment de petits glaciers souterrains, jusqu'au milieu de l'été; et cette multitude d'eaux long-temps gelées contribue à augmenter la rigueur du climat.

Les eaux de la mer Glaciale restent gelées le long de la côte depuis la fin de septembre jusqu'au milieu de juin; dans quelques baies la glace ne fond jamais; le prolongement de celles-ci dans le continent, et toutes les causes que nous venons d'énumérer, tendent donc à le rendre extrêmement froid.

La rudesse du climat de la Sibérie est réellement prodigieuse. Dans la zone tempérée, le step de Baraba et autres lieux bas, situés dans l'ouest, sont couverts, pendant l'été, d'un brouillard presque continuel. A. Omsk (54° 58′) l'Irtyche gèle depuis la fin d'octobre jusqu'au milieu d'avril. A Barnaoul (53° 20′), l'hiver commence brusquement au milieu d'octobre. En été il gèle souvent pendant la nuit. A Irkoutsk (52° 18′), l'Angara qui a un cours si rapide, est pris par les glaces depuis le 15 décembre jusqu'au 21 mars. En hiver le thermomètre de Réaumur y marque ordinairement entre 22 et 32° au-dessous de zéro. Dans la Daourie et autour du lac Baïkal, les marais conservent constamment de la glace au-dessous de la mousse; la terre ne dégèle, en certains endroits , qu'à deux pieds de profondeur.

En Daourie les bestiaux se multiplient sans beaucoup d'obstacles, mais en allant au nord-est, et surtout au Kamtchaka, il est très difficile de les élever.

Dans le midi, jusqu'au Baïkal, les récoltes des céréales sont passables et assez sûres; mais dans le nord du pays et à l'est de ce lac, la culture des grains exige de grandes précautions : la récolte en général peu abondante, est incertaine à cause des pluies du printemps , des débordemens des rivières, des brouillards à l'époque de la floraison, des vents froids et des gelées hâtives qui surviennent dès le milieu d'août.

Voici les limites de la culture des céréales : froment d'hiver à 57°; seigle 60°; avoine 60°; orge 63 et 65°, dans des cantons abrités; c'est aussi à ce point que s'arrête la pomme de terre; au-delà du 60me degré, les tubercules sont peu nombreux et fréquemment gros au plus comme des pois.

Avançons dans la partie froide de la zône tempérée; le printemps y commence tard, l'été y dure peu; l'automne y est ordinairement froid et humide, l'hiver **très** long et très rude. A Beresov (64°), l'Ob est gelé depuis le milieu d'octobre jusqu'à la fin de mai. La température de Tobolsk (58° 12′), ressemble beaucoup à celle de S. Pétersbourg. A Narym sur l'Ob, presque sous le même parallèle que Tobolsk, le climat est bien plus dur et les récoltes sont plus précaires que près de cette dernière ville; c'est bien pis à Sourgout, 61°. A Ieniseïsk (58° 26′). Le thermomètre est descendu jusqu'à 35°. Le Ieniseï est pris par les glaces à la fin d'octobre. Dans les steps au-delà de 62°; le sol reste gelé à 12 ou 15 pieds de profondeur. La couche de terre humide et congelée est traversée de petits filons de glace, et renferme des groupes de cristaux d'eau solide, comme une roche porphyroïde. A Iakoutsk (62°), la glace souterraine est un phénomène général et perpétuel, malgré la haute température de l'air aux mois de juillet et d'août. On peut concevoir, dit

M. de Humboldt, à qui nous empruntons cette observation, comment des 62° aux 72° de latitude, de Iakoutsk à l'embouchure du Lena, l'épaisseur de cette couche doit augmenter rapidement.

A Touroukensk (66°) sur le Ieniseï ; la neige n'est pas encore disparue en juin ; en automne ce ne sont que brouillards continuels ; en hiver on est ébloui par l'éclat des aurores boréales. Au confluent du Villoui et de la Léna (64°), le mercure resta plusieurs jours gelé dans l'hiver de 1787. A Okhotsk (59° 30'). Sur le bord de l'Océan, l'athmosphère est remplie, durant l'été, d'un brouillard épais, chaud, puant, qui permet de regarder fixement le soleil avec l'œil nu.

Dans cette zone la croissance des arbres est lente ; la culture des céréales, possible avec sûreté, à l'ouest du Ieniseï avec de grandes précautions ; devient très précaire à l'est, dès le 60ᵐᵉ. A Beresov la récolte manque souvent : à Ieniseisk, à Kirensk (57° 46'), et à Olekminsk (60° 23'), le grain mûrit assez souvent. A Iakoutsk on sème le seigle et l'avoine sur couche, et ces céréales mûrissent quelquefois. A Touroukensk, à Okhotsk, à Ichighinsk, la température est trop rude pour qu'on puisse cultiver la terre ou élever du bétail : il en est à peu près de même au Kamtchatka, malgré la latitude peu élevée de cette presqu'île ; ce n'est que dans une lisière étroite le long des côtes, que l'on est parvenu à labourer la terre et à élever avec beaucoup de peine quelques animaux domestiques. Dans ces contrées inhospitalières, l'homme ne peut tirer quelque secours que des rennes et des chiens; il attèle ceux-ci à des traîneaux.

Enfin le terrain compris dans la zône glaciale et borné par la mer de ce nom, offre la plus triste uniformité; de l'Oural à l'embouchure du Ienisci, des fondrières et des marais tourbeux; à l'est de ce fleuve et jusqu'au détroit de Bering, la côte est rocailleuse. Partout un pays nu, inhabitable, des glaces perpétuelles : en été des brouillards presque continuels; en hiver le temps est serein; les orages y sont extrêmement rares. Tel est aussi l'aspect que présente la Novaia-Semlia, composée de deux grandes îles situées vis-à-vis des confins de l'Europe et de l'Asie.

Toute cette région n'est habitée que par des peuples nomades, tels que les Samoyedes, les Ostiaks, les Tougouses, les Iakoutes, les Ioukaghirs, les Tchouktchis, les Koriaks, les Kamtchadales, les Lamoutes, qui ont des rennes et des chiens, et vivent de la chasse et de la pêche.

Comme la côte de la mer Glaciale est presque toujours obstruée par les glaçons qui même ne fondent jamais dans quelques baies, la navigation y est très difficile; et le court espace de l'été ne permet pas de parcourir dans une seule année l'intervalle compris entre l'embouchure de l'Ob et le détroit de Bering. Les Russes n'ont réussi qu'après des tentatives réitérées à connaître la vraie configuration de ces parages. Jusqu'à nos jours, des marins très habiles mettaient en question si l'Asie et l'Amérique ne se joignaient pas dans le Nord ; enfin le capitaine Wrangel parvint en 1822 et 1823, à résoudre le problême, et grace à ses efforts on sait que les deux continens sont séparés.

Il résulte de tous ces faits que la plus grande partie de la Sibérie est rebelle à la culture, et par-conséquent inhabitable pour l'homme, à cause du froid ou de la stérilité ; on peut évaluer cette portion aux neuf dixièmes de la surface, qui est de 600,000 lieues carrées ; il restera donc 540,000 lieues carrées de terres, où il est impossible que l'on forme des établissemens permanens ; c'est à peu près le quart de la surface totale du continent.

Les parties de l'Asie, situées au sud de la Sibérie, offrent également de vastes espaces où la population ne peut faire de progrès.

Le plus oriental de ces pays est celui qu'habitent les Mandchous, peuple qui est de la même souche que les Tongouses ; qui, en 1641, conquit l'empire de la Chine, et qui, depuis cette époque, en a reculé très loin les bornes vers l'ouest, et lui a donné son étendue actuelle.

La surface du pays des Mandchous est de 95,000 lieues carrées ; situé entre les parallèles des 38° 58′ et 55° 3o N., il n'y en a que la moitié au plus, ou 47,5oo lieues, qui soit propre à la culture ; le climat

est froid relativement à sa latitude. L'hiver commence à la fin de septembre et dure jusqu'en avril.
Les bords de la mer sont très peu habités; ce n'est
que le long des rivières qu'on rencontre des terrains
fertiles et que la population est éparse : ailleurs, ce
ne sont que rochers, graviers, sables ou marécages :
aussi, le plus grand nombre des habitans mène-t-il la
vie nomade : la chasse et la pêche sont leurs autres
ressources pour subsister.

Les cantons de la Chine septentrionale, situés à
l'E. de Peking jusqu'aux rives de la mer Jaune,
participent à ce caractère de stérilité du pays
des Mandchous, et présentent à peu près une
solitude.

A l'ouest du pays des Mandchous et de la Chine,
s'étend la Mongolie; c'est une plaine haute, appuyée
au S. sur les montagnes du Tibet, (34 et 35° de lat.);
au nord, sur celles de l'Altaï, (50°). Sa surface, qui
est de 250,000 lieues carrées , n'offre partout que
des steps où l'on n'aperçoit ni forêts ni habitans
permanens. On n'y rencontre des lieux propres au la-
bourage et au pâturage, que le long des rivières et
dans les vallées des montagnes : le sommet de
celles-ci est couvert de bois; ailleurs la terre est nue.
La température y est froide, à cause de la grande
élévation du sol et de l'abondance du sulfate de
natron dont la terre est couverte en beaucoup d'endroits. Les jésuites français qui, vers 1700, par-
coururent cette cou ée par ordre de l'empereur

Khang-hi, pour la mesurer, furent très étonnés de ce que, dans les plaines hautes de la Mongolie, entre 43 et 45° de lat., il faisait plus froid que dans les provinces de France situées sous les mêmes parallèles.

La Mongolie est coupée en deux par le désert de Gobi, dont le nom, en mongol, désigne un step dépourvu d'eau et d'herbe. Ce désert est pierreux et graveleux dans l'E.; il est plus sablonneux dans l'O. La partie inhabitable de la Mongolie est au moins de 200,000 lieues carrées.

Le Turkestan, situé entre la Mongolie, la Sibérie, la mer Caspienne et la Perse, a une surface de 105,000 lieues carrées. Dans le nord, le pays est généralement uni et entrecoupé de coteaux; le manque de bois et le peu d'élévation des éminences laissent toujours découvrir un horizon immense; l'aridité, l'uniformité, le silence caractérisent ces vastes steps. On ne trouve des arbres que le long des ruisseaux; partout ailleurs on ne voit que de chétives broussailles. Depuis l'Oural jusqu'aux rives du Sir déria, les ruisseaux sont guéables et tarissent en été et en automne. Quelques-uns se convertissent en une suite de lacs, tantôt réunis par de petits filets d'eau, tantôt sans communication entre eux. Vers la fin de mai, les rayons d'un soleil ardent ont déja brûlé les herbes; dès ce moment, le terrain prend et conserve la teinte d'un jaune sale.

La culture des grains n'est possible que dans les vallées où la terre est noire et fertile; les Kirghiz en profitent également pour faire paître leurs troupeaux. Ce grand step des Kirghiz se prolonge, au nord, au-delà du Turkestan. On trouve, dans cette direction, les steps d'Ichim et de Baraba, sur le territoire russe; ils sont d'une grande étendue.

A mesure qu'on avance au sud, le pays devient plus aride; il est d'abord uni; on n'aperçoit que de petites plantes du genre des absinthes, qui sont presque toujours grises ou noires, ensuite on entre dans le désert nommé Kizil Koum; il est couvert de sables mouvans, auxquels succèdent des collines argileuses et absolument nues, coupant des plaines où se trouvent des lacs salans. Les sables mouvans envahissent graduellement l'espace occupé par le lac d'Aral, auquel son étendue a fait donner le nom de mer. Un puits, un trou rempli d'eau potable sont des points de réunion pour les nomades de ces déserts; souvent ils s'y tiennent en embuscade pour attaquer et piller les caravanes. On ne revoit des terres cultivées que dans les environs d'Amou déria; les eaux de ce fleuve, divisées par des canaux, donnent la facilité d'arroser les terres. Les progrès des sables diminuent graduellement l'étendue habitable de cette région; les terrains cultivés près des villes et des rivières ne sont réellement que de petites oasis. La plus grande partie est déserte et peuplée seulement d'un petit nombre de tribus nomades. Les chaleurs de l'été y sont étouffantes; en hiver, le froid y est très rigoureux. Un sixième tout au plus est habitable; 88,000 lieues carrées de cette contrée sont donc inhabitables.

On se ferait une bien fausse idée de la nature du pays dont nous venons de parler, si l'on se figurait que le froid piquant de l'hiver y est déterminé par l'exhaussement du sol. Au contraire, l'Asie offre, dans cette partie occidentale, une dépression considérable, dont la surface du lac d'Aral et de la mer Caspienne forme la partie la plus basse. Ces deux grandes nappes d'eau sont, la première, à 32, la seconde, à 50 toises au-dessous du niveau de l'Océan. Cette dépression s'étend bien loin dans l'intérieur des terres jusqu'à Saratov sur le Volga (51° 31' lat., 44° 20' long. E.), et à Orembourg sur le Iaïk (51° 40' lat., 52° 50' long. E.); probablement aussi au S. E. jusqu'au cours inférieur du Sihoun ou Sir déria et du Djihoun ou Amon déria où sont les déserts de Kara koum et de Kharizm. La surface de cet enfoncement est vraisemblablement de 50,000 lieues carrées; il s'étend entre la Kouma, le Don, le Volga, le Iaïk, l'Obtchey-sirt, rameau occidental de l'Oural, le lac Alaksal, le Sihoun inférieur et le khanat de Khiva sur les rives de l'Amou déria. Les prolongemens de l'Himalaya, qui vont à l'Ouest, lui servent de bornes.

On trouve, dans la partie occidentale de l'Hindoustan, le désert d'Adjemir; il se prolonge, à l'ouest, au-delà de l'Indus; une portion du Mekran, la Gedrosie des anciens est remarquable par son extrême aridité, et offre un désert. Plusieurs provinces de l'Afghanistan et de la Perse, entre autres le Kerman, ont un terrain sablonneux, imprégné de sel et stérile. Ce sont de vrais déserts; on en rencontre même à la rive gauche du Tigre et de l'Euphrate et jusque dans l'Asie-Mineure, à l'ouest du Taurus.

Mais c'est à la rive droite de l'Euphrate que commence le vaste désert de Syrie, qui s'étend jusqu'aux bords du Jourdain et du lac Asphaltite, puis va joindre celui qui remplit l'isthme de Suez. Les trois quarts de l'Arabie, dont la surface est de 120,000 lieues carrées, sont remplis de déserts, parmi lesquels celui d'Akhaf est le plus étendu; ce vaste espace ne peut donc être habité que par des peuples nomades, comme il l'a été de tous les temps.

Tous ces faits tendent à prouver qu'en supposant que les deux sixièmes et demi de la surface de l'Asie ne présentent pas la réunion des circonstances propres à favoriser l'accroissement de la population, on ne s'éloignera pas beaucoup de la vérité; car, aux terrains dont nous avons présenté l'énumération, il convient de joindre ceux qu'il y a dans d'autres pays. Presque tout le Tibet n'est composé que de montagnes âpres et stériles; les

cantons situés entre cette contrée et la Chine en sont
de même remplis ; on voit des terrains inhabitables
dans cet empire, ainsi que dans l'Annam, le Siam
et l'Ava. On est donc fondé à regarder 877,250
lieues carrées de la surface de l'Asie comme rebelles à la culture.

L'Afrique étant située, en grande partie, dans
la zone torride, et s'étendant, à ses deux extrémités, dans la zone tempérée, le froid ne rend
inhabitable aucune des contrées qui la composent ;
c'est l'aridité seule qui empêche l'homme de fixer
sa demeure sur une portion considérable de sa surface. Des déserts sablonneux y commencent aux limites qui la séparent de l'Asie ; ils occupent une
portion considérable de son plus grand développement, qui est compris entre les bords de la Méditerranée, est le 4ᵉ degré de latitude nord.

Le Sahara, dont le nom signifie désert, est le
plus grand du globe ; en y comprenant le désert de
Libye, il a une longueur de 1,100 lieues de l'est à
l'ouest, depuis les confins de l'Égypte jusqu'aux
bords de l'Océan atlantique ; sa plus grande largeur
vers le 5ᵐᵉ méridien oriental de Paris, est de 400
lieues ; sa moindre largeur sous le 11ᵐᵉ méridien
oriental, est de 180 lieues. Sa surface est estimée à
230,000 lieues carrées, ce qui équivaut à huit fois
celle de la France, et à deux fois celle de la Méditerranée, est en général couverte de sables mobiles
et de rochers nus ; on y découvre çà et là des collines

sablonneuses formant quelquefois des rangées d'ondulations et des monticules rocailleux, tantôt isolés, tantôt disposés en chaînons. Quelques arbres et des touffes d'arbrisseaux épineux, un peu d'herbe croissent sur quelques points; des puits souvent enterrés sous le sable et que la sagacité des indigènes sait retrouver, sont les seules ressources auxquelles l'homme puisse avoir recours pour apaiser sa soif et celle de ses chameaux, lorsqu'il s'aventure au milieu de ces affreuses solitudes, et que sa provision d'eau commence à s'épuiser.

Les oasis répandues sur la surface du désert ont suggéré aux anciens l'idée de comparer la Libye ou Afrique septentrionale, à une peau de panthère, qui est parsemée de taches d'une couleur différente de celle du fond.

Le Sahara comprend plus du sixième de la superficie totale de l'Afrique; d'autres déserts moins grands s'étendent entre le Nil et le golfe Arabique, et au nord se joignent à celui de Syrie dans l'isthme de Suez; leur liaison avec le Sahara n'est interrompue que par l'étroite vallée où coule le Nil, ainsi on peut dire, suivant l'observation de M. de Humboldt, qu'ils se prolongent depuis les côtes de l'Océan atlantique jusqu'à l'extrémité orientale du Gobi sur un espace de 132 degrés de longitude à travers le nord de l'Afrique, l'Arabie, la Perse, l'Afghanistan, le Turkestan, le Thian chan lou et la Mongolie.

La plus grande partie du littoral africain sur la

Méditerranée, depuis la bouche occidentale du Nil, jusqu'au-delà du golfe de la Syrte est aride et stérile, excepté sur le plateau de la Cyrénaique ; ailleurs, la Nubie est remplie de déserts.

Du détroit de Bab el Mandeb au cap Guardafuy, la côte de l'Afrique n'offre pas un aspect plus riant et plus hospitalier que celle qui est baignée par le golfe Arabique ; et de tout temps l'une et l'autre n'ont été habitées que par des Arabes ichtyophages et nomades. Au-delà du cap Guardafuy et jusqu'au cap de Bonne-Espérance, l'aridité générale n'est interrompue qu'aux embouchures des fleuves ; des portions considérables de cette immense contrée, entr'autres ce qu'on nomme la côte d'Ajan, sont des déserts.

Tous les voyageurs ont parlé des karrous dans le pays des Hottentots ; ces plaines se couvrent d'une verdure magnifique et d'innombrables troupeaux dans la saison pluvieuse ; ils deviennent, dans la saison sèche, un désert aride et une solitude affreuse. Plusieurs cantons de la Cafrerie et du pays des Betchouanas, au nord de celui des Hottentots, nous montrent les mêmes phénomènes.

En remontant du cap de Bonne-Espérance vers le nord, encore de l'aridité et de la stérilité le long de la mer ; aussi toute cette région, dont une partie est connue sous le nom de côte des Cimbebas, estelle peu visitée par les navigateurs. La végétation et la verdure renaissent aux limites méridionales du

Congo, et se retrouvent jusqu'à l'embouchure du Sénégal, mais aussi souvent par intervalle, que continuement.

La vue de quelques végétaux dans divers lieux avait fait penser à des voyageurs que plusieurs parties du littoral de la Sénégambie étaient douées d'une fertilité prodigieuse, et que l'on pourrait y établir des colonies d'Européens; mais les faits, et notamment des expériences malheureuses, ont prouvé qu'une grande portion de cette contrée est condamnée à une stérilité perpétuelle, et ne peut fournir des récoltes assurées. Le sol plus ou moins sablonneux et plus ou moins peuplé de végétaux a sur plusieurs points des fonds très bas, qui semblent destinés par la nature à recevoir des eaux pluviales; et des plateaux plus élevés, qui présentent aussi des bassins, des marais ou des mares d'eau douce de différentes dimensions dans la plupart desquels croissent de nombreux palmiers; ces arbres et d'autres d'une hauteur remarquable, forment, par leur réunion au milieu de ces plaines arides, des espèces d'oasis.

Les embouchures des rivières sont très malsaines dans la saison des pluies; les eaux pluviales, qui se trouvent encaissées dans les bassins dont nous venons de parler, et où elles n'ont pas d'écoulement, se putréfient et infectent l'air de leurs miasmes : le nègre comme le blanc souffre de ces émanations délétères, et ne peut vivre dans ces cantons qu'une partie de l'année.

(31)

Les végétaux exotiques, que l'on a essayé d'accli-
mater, n'ont pas eu assez de force pour soutenir
leur existence au milieu de l'atmosphère brûlante
dans laquelle ils se trouvent plongés. C'est cette
ardeur du climat et l'extrême rareté des pluies qui
occasionent la stérilité des terres ; on peut croire
que, sans cette cause, elles seraient fertiles ; car
l'analyse chimique qui en a été faite a prouvé que, sous
l'influence d'un climat favorable au développement de
leurs principes constituans, elles sont propres à donner une végétation plus ou moins vigoureuse. L'irriga-
tion artificielle, bien loin de remédier à cet incon-
vénient, l'aggrave ; car les terres, ainsi lessivées,
perdent, par la dissolution de leurs parties inté-
grantes, les principes nutritifs qu'elles contiennent.
Bien loin de répandre, comme le Nil, la fertilité
par ses débordemens, le Sénégal n'apporte, sur les
terres qu'il inonde, qu'un résidu composé d'argile
lavée et de sable fin et complètement inutile à la
végétation. L'humidité que ce fleuve fournit au
sol est bientôt évaporée par l'excessive sécheresse de
l'air. Le résidu terreux, déposé par les eaux, rend
le sol primitif compacte et absolument stérile. Il se
forme, à la surface des terres, une croûte très dure,
qui, après l'évaporation de l'eau, se gerce, se cre-
vasse, et présente, à l'accès des vents et des rayons
solaires, de profondes ouvertures, d'où résulte l'im-
possibilité de les soumettre à aucun genre de culture. Le gros mil des nègres, espèce de sorgho, qui

n'est pas difficile sur la nature du terrain, est la seule plante qui réussisse dans ceux que le fleuve a inondés; mais souvent la fraîcheur de la terre vient à lui manquer : alors elle se dessèche et périt avant d'avoir mûri complètement ses graines.

La saison des pluies est la seule pendant laquelle la végétation de l'Afrique équinoxiale soit dans un état naturel de développement; mais, dans quelques contrées de cette zone, la durée de cette saison est au plus de deux mois et demi à trois mois. Dans la Sénégambie, elle a lieu depuis le milieu de juillet jusque dans les premiers jours d'octobre; quelquefois les pluies ne tombent qu'à des intervalles de quinze à vingt jours l'un de l'autre; ce qui suffit pour suspendre de nouveau le cours de la végétation : il n'est donc pas surprenant qu'elle soit très pauvre.

Sans doute toutes les contrées de l'intérieur de l'Afrique équinoxiale ne ressemblent pas au tableau que nous venons de tracer d'une portion de la Sénégambie; cependant les relations des voyageurs qui ont pu pénétrer dans ces régions nous font voir que l'aridité extrême est le caractère général de plusieurs cantons de ces pays, et qu'il s'y trouve de véritables déserts. Les sables arides se montrent de nouveau sur la côte, à l'embouchure du Sénégal, et s'étendent au nord jusqu'à la chaîne de l'Atlas. En ajoutant à ces terrains sablonneux les montagnes , les rochers et les marais, on pourra présumer sans exagération que la moitié ou les trois sixièmes, c'est-à-dire 748,000 lieues carrées de la surface de l'Afrique, sont condamnées, soit à rester inhabitées, soit à n'être peuplées que d'un petit nombre d'hommes menant la vie nomade.

Quant à l'Océanie, nous ne connaissons qu'imparfaitement l'intérieur des grandes îles et du continent qui la composent : il nous est donc impossible de présenter une évaluation des cantons inhabitables qui s'y trouvent; cependant on a reconnu, sur les côtes septentrionales de la Nouvelle-Hollande, des cantons arides et stériles; plusieurs îles en renferment qui sont remplis de hautes montagnes et de rochers nus. Il est donc très probable que cette partie du monde n'est pas plus favorisée que les autres, et qu'elle a beaucoup de contrées où il est impossible à l'homme d'établir une demeure fixe.

L'Amérique nous offre la réunion des circonstances qui rendent plusieurs contrées inhabitables en Asie et en Afrique. Son extrémité septentrionale s'avance jusque dans la zone glaciale, sa partie moyenne est située sous la zone torride, son extrémité méridionale, se prolonge dans la zone tempérée; une chaîne de montagnes la plus longue et l'une des plus hautes du globe, la parcourt du nord au sud; des plaines immenses s'étendent à sa surface, des fleuves dont le cours est très long l'arrosent; il résulte de toutes ces causes une grande diversité dans la température du Nouveau-Monde;

nous n'examinerons que celles qui peuvent contribuer à condamner des portions de sa surface à une stérilité absolue.

Occupons-nous d'abord de la péninsule septentrionale de ce grand continent ; elle est bornée au nord par la mer Polaire dont l'existence a été constatée de nos jours ; c'est un golfe de l'Océan arctique ou glacial, la côte, de ce côté, est généralement située sous le 71me degré de latitude ; sur quelques points elle pénètre au-delà, dans la zone glaciale, sur d'autres au contraire elle s'avance moins. Des îles encore imparfaitement connues sont situées au nord et au nord-est ; de ce nombre sont le Groenland et l'Islande. L'Océan atlantique qui baigne l'Amérique à l'est y forme les deux grands golfes nommés mer de Baffin et mer de Hudson ; puis au sud différentes baies, et enfin le golfe du Mexique et la mer des Antilles. La côte occidentale est bordée par le grand océan qui offre divers enfoncemens moins considérables que ceux du côté opposé. Ce sont dans la zone tempérée la mer Vermeille ou golfe de Californie, qui a son entrée dans la zone torride ; et dans le nord, les nombreux bras de mer qui découpent l'archipel de Quadra et Vancouver ; enfin le golfe de Cook. Entre l'Amérique, l'archipel des îles Aléoutiennes et l'Asie, s'étend la mer de Béring, qui par le détroit de même nom communique avec l'Océan arctique boréal ou mer Glaciale, et forme sur la côte américaine les golfes de Norton et de Bristol.

De même que la Sibérie, l'Amérique septentrionale, n'a pas de chaînes de hautes montagnes parallèles à l'équateur qui puisse s'opposer à l'action
des vents froids venant du nord. Les grands reliefs
du sol sont situés dans la partie occidentale et rapprochés de la côte ; ils en suivent et en dessinent les
sinuosités, en tournant à l'ouest sous le 60me degré
de latitude, et se terminent sur le continent par la
presqu'île d'Alaska ; ils se continuent ensuite par
l'archipel des Aléoutiennes. Leur prolongement vers
le nord s'abaisse bientôt au niveau du sol. Ainsi
l'Amérique du nord offre, sur la plus grande partie
de sa surface, une vaste plaine qui est balayée sans
obstacle par les vents glacés soufflant de la mer Polaire et de l'Océan arctique.

Nous avons deja vu, en traitant de l'Europe, que
sous des latitudes égales, le climat de l'Amérique
du nord était plus froid que celui de notre continent, et que la couche des lignes isothermes qui
passe par les points dont la température moyenne
est zéro, y descend jusqu'aux parallèles de 53° et
de 58", tandis qu'en Europe elle n'arrive que
jusqu'à 63 et 68°. Cette ligne passe, en Amérique,
au sud du lac de l'Esclave ; elle est encore plus
méridionale en s'approchant du lac Érié et de
l'Ontario.

A Quebec (46° 47′ de lat.), la température moyenne
de l'hiver est —10°. Tous les ans, le fleuve S. Lau-
rent, qui devant cette ville a une largeur très

considérable, est pris par les glaces; son embouchure (49°) est également gelée tous les ans. Il en
est de même du détroit de Belle-Isle (5o°), qui sépare l'île de Terre-Neuve de la presqu'île du Labrador ; tandis qu'en Europe, sous les mêmes
parallèles qui sont ceux de la Manche et du Pas-de-
Calais, la mer est contamment ouverte. Les détroits
qui conduisent de l'Océan atlantique dans la mer
de Hudson, ne sont praticables que depuis le
mois de juillet 'jusqu'en septembre. Les navigateurs, qui fréquentent la mer de Baffin pour la
pêche de la baleine, ont observé que, dès la fin
de juillet, les oiseaux de mer quittent ces parages,
et annoncent par leur migration l'approche de
l'hiver. Dans cette saison, la mer de Baffin, la mer
Polaire, la mer de Hudson, sont entièrement prises
par les glaces, et en été, elles n'en sont pas entièrement libres. L'intrépide et persévérant capitaine
Parry essaya, pendant les deux hivers consécutifs
de 1821 et 1822, de s'avancer au nord par un des
détroits qui doivent unir la mer de Hudson à la
mer Polaire; son admirable et exemplaire obstina-
tion fut obligée de céder à la puissance de l'action
des glaces; malgré ses efforts, il ne put, dans les
deux étés de courte durée, dont il sut habilement
employer tous les instans, se frayer une route à
travers les glaçons accumulés, que sur une longueur
peu considérable. La tentative qu'il avait faite en
1819 et 1820 pour pénétrer par le détroit de Lan-

caster dans la mer Glaciale, n'avait pas eu plus
de succès ; il en fut de même de son second voyage
dans la mer de Hudson, en 1824.

C'est par la lecture des relations du capitaine
Parry et de celles de son compagnon le capitaine
Lyon, que l'on peut se faire une idée de la rigueur
du climat le long des côtes de ces régions boréales ; celles de Hearne, de Mackenzie, de Franklin ,
nous font connaître son âpreté extrême dans l'intérieur.

En général, dans tout le pays situé au-delà de
50ᵉ, l'hiver est long et très rude ; sous le 55ᵉ parallèle, le thermomètre descend, en janvier, jusqu'à
30 et 32 degrés au-dessous de zéro, et au-delà du
60ᵉ, on n'aperçoit plus de grands arbres. Le froment
peut encore être semé jusqu'au 53ᵉ parallèle, dans
des localités particulières ; mais, en général, sa culture cesse dès le 50ᵉ. Les autres céréales viennent
encore à quatre degrés au-delà. Les frères Moraves
ont cependant, à force de soins, réussi à récolter
un peu d'orge et quelques plantes potagères à Nain
(57° 8′) sur la côte du Labrador ; cette presqu'île
est remplie de montagnes couvertes de neige presque toute l'année ; on ne trouve plus de grands
arbres au-delà du 56ᵉ degré de latitude ; il n'y a
plus que des arbustes et de chétifs buissons qui
même disparaissent au 60ᵉ degré. Le pays est habité, dans l'est, par des bandes errantes d'Eskimaux ; dans l'ouest, par des Indiens ; les uns et les

autres vivent uniquement de chasse et de pêche.
Les comptoirs établis par les Anglais sur les côtes
de la mer de Hudson , aux embouchures des fleuves,
reçoivent tous les ans leurs approvisionnemens en
farine, en vin et autres denrées, par les navires qui
viennent charger les pelleteries. Il en est de même
des autres forts ou comptoirs épars sur la surface de
l'Amérique boréale, pour loger les commerçans
qui y trafiquent avec les tribus sauvages. Les
hommes civilisés n'ont pu former d'autres établissemens dans ces contrées inhospitalières , où l'hiver
commence avec les premiers jours de septembre, et
ne finit qu'au mois de mai. Les Eskimaux vivent
dans le voisinage de la mer, tantôt mangeant glou-
tonnement le produit de leur pêche et de leur
chasse, tantôt souffrant toutes les horreurs de la
disette. Ils sont dans un état d'hostilité perpétuelle
avec les Indiens, dont la subsistance est également
précaire. L'emploi du chien chez ceux-ci, comme
bête de somme et de trait, ainsi qu'en Sibérie,
commence près du lac de l'Esclave (62°) ; ces Indiens sont forcés, par la rigueur du climat , de
venir hiverner le long des rivières où ils trouvent
des peupliers et des saules.

L'immense contrée comprise entre la mer Polaire
au nord, la mer de Hudson à l'est, le Missinnipi ou
fleuve Churchill au sud, les lacs Athapesco et de
l'Esclave et leurs affluens , et le fleuve Coppermine
à l'ouest, et dont la limite au nord est le 71ᵉ degré

de latitude, au sud le 55ᵉ, est désignée par le nom de pays nu. En effet, on n'y aperçoit des arbres que sur le bord des grandes rivières et des lacs. Les masses de rochers ne s'y élèvent jamais assez pour mériter le nom de montagnes ; elles présentent plutôt des amas à coteaux bas, à sommets arrondis et à flancs plus ou moins escarpés. Le terrain des vallées étroites qui séparent ces coteaux, est, soit une argile imparfaite, qui fournit de l'aliment à des bouleaux nains, des saules, des mélèses, des sapins rabougris, soit plus communément un composé de débris grossiers de quartz et de grès, sur lesquels les lichens seuls peuvent végéter. Le milieu des grandes vallées est rempli de lacs dont l'eau est limpide, et qui sont très poissonneux, quoique dépourvus souvent d'une issue apparente. Mais plus ordinairement ces lacs envoient leurs eaux dans d'autres à travers un ravin très resserré par un torrent turbulent et rapide. On peut véritablement considérer la plupart des rivières qui arrosent ces terres arides comme une chaîne de lacs étroits. Le renne ou caribou et le bœuf musqué sont les quadrupèdes les plus fréquens dans ces solitudes stériles, d'où l'absence des animaux à fourrures précieuses a éloigné les traficans de pelleteries. On n'y rencontre, dans le sud, que quelques misérables familles de Chipeouans

A l'ouest du fleuve Coppermine, le delta que forme le fleuve Mackenzie présente un aspect plus riant que celui du pays que nous venons de décrire ; il est composé de terrain alluvial , où les arbres végètent avec une vigueur remarquable ; c'est un véritable phénomène sous cette latitude dans l'Amérique septentrionale ; on voit sous le 68me degré plusieurs bocages de jolies sapinettes blanches (*abies alba*) ; et sous le 69me, sur les bords désolés de la mer Polaire, des halliers de saules assez forts couvrent les îles basses , tandis que des groseillers à grappes et épineux croissent sur les tertres plus secs, et y sont accompagnés de brillans épilobium , et de lupins vivaces, phénomène bien différent de celui des plaines de l'est, qui dans les régions les plus boréales ne présentent que des plantes licheneuses ramifiées. L'élan , le castor, et le lièvre d'Amérique, suivent ce prolongement de végétation propre à soutenir l'existence, et la présence de ces animaux herbivores attire dans ces cantons des loups, des renards et d'autres carnassiers.

On ne connaît qu'une partie des côtes de l'extrémité de l'Amérique septentrionale la plus reculée vers le nord-ouest, elle est connue sous le nom d'Amérique russe ; son étendue la plus considérable est au nord du 60me parallèle ; la pointe d'Alaska qui la termine au sud est par le 55me. Il est difficile de se figurer une contrée d'un aspect plus affreux ; il est presque constamment couvert de frimats ; dans la baie de Kotzebue (66° 14$'$), le thermomètre de Réaumur s'éleva le 3 août 1816 jusqu'à 9° 2$'$; mais la présence de blocs énormes de glaces sur la côte prouvait que cette température élevée n'était pas assez puissante pour contrebalancer les effets d'un hiver rigoureux et prolongé. Le pays est nu; cependant la quantité des pelleteries que la compagnie russe se procure, donne lieu de supposer que l'intérieur renferme des cantons boisés.

Le froid de ces régions est si intense, qu'en juillet et août 1827, le long de la côte, le capitaine Beechey a trouvé par des vents de nord et de nord-ouest la température moyenne à peine de 4° et demi, malgré l'influence d'un courant du sud-ouest qui amène des eaux dont la température est de 5° 4′ à 6° 6′; tandis que sous le même parallèle en Laponie, au Cap Nord de l'île Mageroe, qui cependant est aussi enveloppé en été de ces brumes perpétuelles qui entravent l'action du soleil, la chaleur moyenne de juillet est encore 8 degrés.

Il résulte des observations du capitaine Franklin dans l'intérieur du continent, qu'à Cumberland-House (54° lat., 104° 30′ long. O.), la température moyenne de l'année doit être à peu près — 1°; et au fort Entreprise (64° 30′ lat., 115° 30′ long. O.); à peu près — 9° 2′).

A Wintes-Island (au nord de la mer de Hudson, 66° 12′ lat., 85° 30′ long. O.), le capitaine Parry observa que la température moyenne était — 12°5′, et —13° 9′ à Igolik, île située à l'entrée du détroit du *Fury* et de l'*Hecla* (69° 30′ lat., 84° long. O.).

Dans l'intérieur du continent de l'Amérique septentrionale, de même qu'en Europe, l'abri ou l'ombrage des arbres tend à prolonger la durée de l'hiver quand les neiges restent accumulées dans les forêts, et lorsque le sol où elles croissent est marécageux, ce qui est très commun dans ces deux contrées ; alors l'abri des arbres, par l'absence de l'irradiation solaire, devient encore plus dangereux pour le climat, parce que les marais à demi-couverts de bruyères et autres plantes ligneuses gêlent jusqu'au fond, et forment de petits glaciers qui résistent long-temps à la chaleur de l'atmosphère.

Les côtes occidentales sont dans le Nouveau-Monde comme dans l'ancien, plus chaudes que les orientales ; ainsi à l'ouest du 125ᵐᵉ méridien de Paris, la ligne isotherme de 10° au-dessus de zéro y passe par 50° de latitude. A Noutka, dans l'île Quadra et Vancouver, presque dans la latitude du Labrador, les plus petites rivières ne gèlent pas avant le mois de janvier. Le capitaine Lewis ne vit, près de l'embouchure du Colombia, sous le parallèle de 46°, les premières gelées que le 25 janvier. Mais au-delà du 60ᵐᵉ degré, il n'en est plus ainsi.

Retournons à la côte orientale où le Groenland, dont la surface connue est de 110,000 lieues carrées, nous offre ses côtes hérissées de rochers et de glaces ; l'intérieur est rempli de montagnes couvertes de glaciers et entrecoupées de précipices remplis de neiges éternelles ; de vastes plateaux y sont uniquement composés de glaces. L'hiver y dure huit mois ; la mer est prise par les glaces à une grande distance des côtes ; depuis le mois de janvier jusqu'en mai. Les brouillards constans qui règnent en été pendant le jour et la rareté des pluies nuisent beaucoup aux progrès de la végétation. Ce n'est que sur les bords des rivières que l'on trouve de la verdure ; ailleurs on ne voit que des lichens. Les missionnaires moraves que leur zèle a amenés dans cette contrée affreuse pour y prêcher l'évangile , ont pu cultiver dans des jardins de la partie méridionale des plantes potagères, des pommes de terre ; ils ont essayé inutilement d'y semer de l'orge.

La population du Groenland se compose de ces Eskimaux qui vivent disséminés dans toutes les contrées boréales du Nouveau - Monde; elle est bien faible, puisque des auteurs, qui l'estiment le plus haut, l'évaluent à 20,000 individus, et fréquemment des épidémies la ravagent. C'est à cette même famille groenlandaise qu'appartiennent les habitans d'une contrée située à l'extrémité nord-est de la mer de Baffin et située entre 76 et 77° 40′ de latitude. Elle fut découverte, en 1819, par le capitaine Ross. Cette peuplade, qui est la plus reculée vers le nord que l'on connaisse , ne construit pas de canots , particularité qui la distingue des autres Eskimaux. Le pays, qui a été nommé *Arctic-Highland* , est séparé du Groenland par une chaîne de montagnes inaccessibles. Les baleines et les phoques procurent aux habitans les moyens de subsister. La peau de ces animaux, et celle des renards noirs leur fournissent leurs vêtemens.

En continuant la revue des terres qui, dans l'est, dépendent de l'Amérique, nous trouvons l'Islande, dont la surface est de 5,000 lieues carrées. Cette île, située entre 63° 20′ et 66° 45′ de latitude, a une température moyenne de 3° 20′ au-dessus de zéro. Pendant l'hiver, les côtes sont prises par les glaces qui restent quelquefois toute l'année dans les golfes de la partie septentrionale. On n'a pas pu pénétrer très avant dans l'intérieur où les montagnes sont couvertes de glaciers. La végétation est très pauvre : des bouleaux, des sorbiers, des saules chétifs, croissent dans un petit nombre de cantons ; du reste, on ne voit d'autres plantes ligneuses que des genévriers et des ronces ; on ne cultive que l'orge et l'avoine ; la récolte de ces céréales est précaire. Les pâturages fournissent la nourriture nécessaire aux chevaux, aux vaches et aux nombreux troupeaux de moutons ; mais des épizooties, causées par les convulsions du sol, enlèvent parfois une quantité considérable de bétail, et même une partie de la population humaine. Celle-ci, qui est d'origine norvégienne, et mange du poisson sec en guise de pain, est sujette à des maladies fâcheuses. Elle se compose, au plus, de 50,000 ames ; elle est sujette à de grandes variations : les épidémies trop fréquentes l'empêchent de faire des progrès.

L'ensemble des terrains dépendans de l'Amérique septentrionale qui, par la rigueur du climat ou la stérilité, ne peuvent être cultivés, s'élève au tiers de leur surface totale; car, dans les pays fertiles, il y a des rochers, des sables, des marécages, qui repoussent tous les efforts de l'homme pour leur faire produire des céréales. La surface étant de 1,200,000 lieues carrées, on aura, pour résultat, 400,000 lieues de terres habitables seulement par des tribus errantes.

L'Amérique méridionale ne s'étend pas, dans le sud, au-delà de la zone tempérée; mais cette zone y est plus froide qu'au nord de l'équateur. La Terre du Feu, composée de plusieurs îles que le détroit de Magellan sépare du continent, est, en très grande partie, au nord du 55ᵉ parallèle; et cependant la température ne permet d'y cultiver aucune espèce de céréale. Quoique les plus hautes montagnes ne s'élèvent pas à 500 toises au-dessus du niveau de la mer, leurs sommets sont, pour la plupart, couverts de neiges perpétuelles; leurs flancs sont escarpés et arides. Les misérables habitans de cette terre de désolation n'ont pour exister que la ressource de la pêche. Le bois abonde dans la partie occidentale.

Au nord du détroit de Magellan, le vaste pays que l'on a nommé Patagonie s'étend du cap Froward (53° 54′) jusqu'à la source du Cusu-Leuvu ou Rio-Négro (35° 38′ de lat. australe), qui forme la limite avec la républiqne du Rio de la Plata. Cette contrée, montagneuse dans l'ouest, n'offre, dans la partie orientale, qu'une plaine immense, généralement nue, où les terrains imprégnés de sel et les landes sont communs. Le climat y est âpre ; sa position, resserrée entre deux mers, la rend sujette à des coups de vent impétueux et à de fréquens changemens de température. Les habitans, réunis en diverses tribus indépendantes, et qui se donnent à eux-mêmes le nom de Tehuelets, sont ces fameux Patagons qui ont occasioné de si longues discussions entre des écrivains européens, dont les uns leur attribuaient une taille gigantesque, et les autres la niaient. Le capitaine King, à qui l'on doit une exploration exacte de l'extrémité australe de l'Amérique du sud, effectuée de 1826 à 1830, nous apprend que les Patagons sont très robustes, et que la partie supérieure de leur corps étant d'une dimension disproportionnée avec l'inférieure, puisque leurs jambes sont très courtes, on peut aisément les prendre pour des géans quand ils sont assis. Le pays, à l'ouest des montagnes, a peu de largeur ; il est rocailleux, coupé par des golfes profonds, et extrêmement humide jusqu'au nord de l'archipel de Chiloe. La plus grande partie de cette région, dont l'étendue est de 66,000 lieues carrées, est peu favorable à la culture des céréales ; on peut la ranger parmi celles où il est impossible que la population fasse de grands progrès.

Les plaines de la Patagonie sont le prolongement des Pampas, que l'on pourrait nommer les steps de l'Amérique, et dont la surface unie s'étend du pied des Andes aux bords de l'Océan atlantique ; elles commencent au nord à la pente sud-ouest des montagnes du Brésil, sous le 20me degré de latitude. La partie qui s'étend de la côte orientale vers le Rio Paraguay, n'offre pas une surface si parfaitement unie que celle qui est située à l'ouest et au sud-ouest du Rio de la Plata ; c'est particulièrement celle-ci que, depuis des siècles, l'on connaît sous le nom de Pampas ; elle contient 145,000 lieues carrées, et est entièrement couverte de graminées, tandis que d'épaisses forêts se développent de la rive droite du Paraguay vers le Parana et les sources de l'Uruguay. Sous 31° 32′, les Pampas de Buenos-Ayres sont tellement rétrécies par un promontoire des Andes du Chili, qu'elles n'ont plus que 54 lieues de largeur entre l'extrémité orientale de la Sierra de Cordova et la rive droite du fleuve du Paraguay.

Ces Pampas sont arrosées par plusieurs rivières, dont un très petit nombre seulement arrivent jusqu'au Rio de la Plata ou à la mer ; elles se perdent dans des lagunes ou dans des lacs saumâtres ; plusieurs ont leurs eaux salées pendant la saison sèche ; le terrain offre tantôt de grands espaces couverts de sel, ailleurs des sables arides ; ici des marécages et des fondrières, là des terrains fertiles ; quelques arbustes chétifs y croissent : on ne voit des arbres que du côté des Andes. Les vents d'ouest et de sud-ouest désignés sous le nom de Pamperos y soufflent continuellement, et souvent avec une violence qui devient dangereuse pour les navires voguant sur le Rio de la Plata. D'innombrables troupeaux de chevaux et de bœufs vivent en liberté dans ces plaines nues, où la population est très faible : elle se compose d'Indiens sauvages et de Gaouchos descendus des Espagnols qui ont embrassé la vie nomade.

A l'autre extrémité de l'Amérique méridionale, on trouve d'autres plaines nues, ce sont les *Llanos* que M. de Humboldt a si éloquemment décrits dans ses *Ansichten der Natur* (Tableaux de la nature), dont j'ai eu le bonheur d'être l'interprète en français.

Les Llanos (*steps, savanes ou prairies*), s'étendent en forme d'arc depuis les bouches de l'Orenoque, par San Fernando de Apuré, jusqu'au-delà du confluent du Rio Cagnon avec le Jupura, par conséquent sur une longueur de 380 lieues; leur limite est au nord la chaîne cotière de Venezuela, baignée par la mer des Antilles; à l'ouest les Andes, au sud la Sierra Parime; leur largeur est de 100 à 130 lieues. Ils forment un bassin intérieur ouvert à l'est, et fermé au nord, à l'ouest et au sud, par de hautes chaînes de montagnes primitives. Leur surface élevée à 200 pieds au-dessus du niveau de la mer, est unie comme si elle eût été nivelée par un long séjour des eaux. Situés sous la zone torride, dans le voisinage de l'équateur, ils ont, dans la sai-

son de la sécheresse, une atmosphère embrasée ;
alors la chaleur est suffocante à cause de la réverbé-
ration du sol presque dépourvu de végétaux et cre-
vassé ; de même que dans les déserts sablonneux
d'Asie et d'Afrique, la plaine est ondoyante par l'effet du mirage ; les chevaux et les bœufs tourmentés
par la faim et par une soif ardente, courent de toutes
parts inquiets et souffrans.

Lorsque la saison des pluies arrive, soudain la
scène change ; la terre humectée se revêt de graminées verdoyantes ; les rivières qui bornent la plaine
au sud se gonflent peu à peu ; et bientôt une partie
du désert présente l'image d'une vaste mer inté-
rieure. Les animaux qui, auparavant, mouraient
de soif sur un sol aride et poudreux, sont obligés
de chercher un refuge sur des bancs de rochers ,
qui çà et là s'élèvent au-dessus de la surface des
eaux. Alors de grandes embarcations peuvent traver-
ser le pays et vont à dix ou douze lieues dans l'intérieur des steps. Leur étendue est de 45,3oo lieues
carrées.

La majeure partie de ces savanes du sud n'a pas
l'avantage de celles de l'Amérique septentrionale ;
celles-ci sont arrosées longitudinalement par le Mis-
souri, l'Arkansâ et le Fleuve-Rouge des Natchès ;
tandis que la portion orientale de celles du sud
n'est coupée que transversalement par des affluens
de l'Orénoquo, dont les plus reculés vers l'est n'ont
que très peu d'eau dans la saison des sécheresses.

C'est pourquoi il reste, dans le centre, des steps d'une aridité affreuse: c'est la portion occidentale qui est le plus susceptible de culture.

Les Llanos inspirent et entretiennent le goût de la vie errante , même dans une région où il n'y a point de troupeaux qui donnent du laitage. Ils étaient infestés par un nombre prodigieux de voleurs, lorsque M. de Humboldt les parcourut en 18o1. Ces plaines dépeuplées, mais remplies de bestiaux , leur offraient un asile et de la nourriture : ils exerçaient leurs brigandages à cheval, à la manière des Bédouins. Si, dans les temps paisibles où M. de Humboldt visita les deux Amériques, les Llanos servaient déja de refuge aux malfaiteurs, combien cet état de choses n'a-t-il pas dû empirer à la suite des discordes civiles qui ont ensanglanté ces contrées ?

Les deux plaines immenses, situées aux deux extrémités de l'Amérique méridionale, sont couvertes de graminées ; ce sont des savanes dépourvues d'arbres ; la plaine intermédiaire, celle de l'Amazone et du Rio-Négro, exposée à la fréquence des pluies équatoriales, est presque entièrement couverte d'épaisses forêts; car le climat, chaud et humide à la fois, y développe une force de végétation à laquelle rien ne peut être comparé dans les deux continens.

Il existe, sous les 7o° 37′ de longitude à l'ouest de Paris et entre 4 et 2° de latitude nord, une ou-

verture ou détroit terrestre, qui est dirigé du nord
au sud, et par lequel les Llanos communiquent
avec le bassin de l'Amazone et du Rio-Négro, et se
prolongent bien au-delà de l'équateur. De même
entre les 12 et 20° de latitude australe, il existe un
autre détroit par lequel les plaines de l'Amazone communiquent avec les Pampas.

« Si les plaines de l'Amazone, dit M. de Humboldt
dans sa *Relation Historique*, se distinguent en général des Llanos et des Pampas par l'étendue et
l'épaisseur des forêts qui les couvrent, on est d'autant plus frappé de la continuité des savanes que
l'on trouve à leurs deux extrémités..... Leur étendue
est de 260,400 lieues carrées (de 20 au degré).

« Nos landes et nos bruyères, dit également cet
illustre voyageur, n'offrent qu'une faible image de
ces savanes immenses du nouveau continent. On se
demande si ces vastes terrains sont destinés par la
nature à servir éternellement de pâturages, ou si la
charrue ou la bêche les soumettront un jour à la
culture. Cette question est d'autant plus impor-
tante, que les Llanos, placés aux deux extrémités
de l'Amérique méridionale, mettent des entraves
à l'union politique des peuples, qu'ils séparent. Des
steps interposés, conservent avec la vie pastorale
quelque chose d'agreste et de sauvage, qui les isole
et les éloigne de la civilisation des pays anciennement
défrichés. »

M. de Humboldt pense que le progrès de la végé-

tation des arbres et la culture des plantes dicotylé-
dones, diminueront, comme l'expérience l'a prouvé,
l'étendue de la partie inculte des Llanos; mais il est
loin de croire que les hommes fassent jamais dispa-
raître les savanes en entier.

Leur étendue totale, y compris le pays des Patagons, est de 622,300 lieues carrées : probablement un
tiers au moins, ou 207,000 lieues carrées, est destiné
à rester inculte.

L'Amérique méridionale n'a de déserts véritables que ceux d'Atacama et de Sechura, sur la
côte du Grand-Océan, et celui de Pernambuco,
dans l'intérieur du Brésil. Des montagnes nom-
breuses, des rochers, des terrains pierreux et graveleux présentent aussi des espaces qui ne sont pas
favorables à la multiplication de l'espèce humaine.
Les montagnes seules occupent un vaste espace.
Ainsi, en additionnant toutes les portions de la
presqu'île australe du Nouveau-Monde, que l'on peut
considérer comme inhabitable, ou peu habitable,
on aura, pour résultat, 250,000 lieues carrées,
ce qui fait un sixième et demi de la surface totale.

Le résultat sera, pour le globe terrestre :

En Europe   80,000
　　Asie   877,250
　　Afrique   748,000
　　Amérique nord   400,000
　　Amérique sud   250,000
　　　　　　　　　　　　　　　　2,355,250.

Or , la surface de ces continens étant de 6,293,000 lieues carrées , il est évident que plus d'un tiers de la terre n'est pas favorable aux progrès de la population, et que, sur cette quantité, il y a même de vastes espaces absolument inhabitables.

Il résulte également de tous les faits que je viens de présenter, que l'Europe est, de toutes les parties du monde , celle qui a le plus de surface habitable.

Mais si, de cette assertion, on voulait déduire qu'il n'y aura pas, en Europe , de bornes aux progrès de la population, surtout dans quelque pays, je crois que l'on tomberait dans une grave erreur.

On a surtout cité la Russie à ce sujet ; mais il nous semble que cet empire ayant, en Europe même, une si grande partie de son étendue dans les régions boréales, plusieurs de ses provinces par cette cause, d'autres par la stérilité du sol, ne pourront jamais être que faiblement peuplées.

Avant que d'aborder ce sujet, définissons ce que l'on doit entendre par le *nord de l'Europe*, afin de signaler des méprises qui se commettent journellement. Cette dénomination n'appartient réellement qu'aux pays situés au nord de la mer Baltique et aux provinces de la Russie placées au-delà du 58° degré de latitude. Il est nécessaire de convenir d'abord de ce point, parce que le mot de *nord* a différentes acceptions, suivant les auteurs qui l'emploient. C'est surtout en parlant de peuples qui, au cinquième siècle de

notre ère, envahirent et détruisirent l'empire romain d'occident, que trop souvent le mot de *nord*
est mal employé. On se figure que ces peuples sortaient du fond du septentrion, en un mot, de la
Scandinavie : c'est une faute que l'on éviterait si
on se rappelait les principes de la géographie physique. Une grande partie des contrées situées véritablement dans le nord de l'Europe , n'ont pu
jadis être le berceau des Barbares qui firent tomber
l'empire romain sous leurs coups redoublés, parce
que le genre humain ne peut multiplier et encore
moins pulluler dans des régions où il n'a pas partout la facilité de cultiver la terre, ni même d'élever des bestiaux. M. le docteur Virey a dit avec
raison, dans son article HOMMES *du Dictionnaire
d'Histoire naturelle*, publié par Déterville : « Le
« froid empêche le développement des facultés gé
« nératrices, comme il s'oppose à la floraison des
« plantes. »

Les écrivains romains, qui ont raconté l'invasion
des Barbares du nord, demeuraient en Italie ; or,
pour eux, tout pays au-delà des Alpes était au nord.
C'est faute d'avoir fait attention à cette circonstance, qu'en répétant les phrases des auteurs romains,
plusieurs modernes ont supposé que les essaims de
peuple qui bouleversèrent l'empire romain, arrivaient de la Scandinavie ; il est au contraire des
écrivains qui ont pris en considération ce point important. Nous nous contenterons de citer Montes-

quieu ; il est évident que, lorsqu'il parle des peuples du nord de l'Europe (*Esprit des Lois*, L. XIV, ch. 3), il entend ceux de la Germanie ; il dit expressément (L. XXX, ch. 2) que les peuples qui conquirent l'empire romain étaient sortis de la Germanie ; ailleurs, il étend la signification du mot de *nord* : « Que servirait d'enfermer les femmes dans « nos pays du nord, où les mœurs sont naturelle- « ment bonnes (L. XVI, ch. 11. » Koch, dans ses *Révolutions de l'Europe*, place également, dans la Germanie, la plupart des peuples qui fondirent sur l'empire romain comme sur une proie, et il leur assigne à chacun leur territoire avec une grande netteté. On sait qu'au cinquième siècle, la Germanie était plus étendue, surtout à l'orient, que l'Allemagne actuelle.

On peut donc être surpris de ce que, de nos jours encore, des hommes graves écrivent que les pays froids et stériles regorgent d'habitans, tandis que les climats fertiles du midi manquent de consommateurs ; que les zones ardentes se dépeuplent successivement ; que c'est des retraites du nord que débordèrent ces fiers guerriers qui écrasèrent l'empire romain , tels que les Goths, les Huns, les Vandales, les Francs, les Saxons, les Normands, les Turcs, et que c'est par cette raison que le nord a été regardé comme la pépinière du genre humain, *officina gentium.* Un habitant de la Suède ou de la Norvège resterait ébahi en lisant, dans un livre français imprimé à Paris en 1817, que les Cimbres, les Teutons, les Visigoths, les Gètes, les Gépides, les Hérules, les Lombards, les Alains, les Saxons, les Francs, les Normands, etc., sont des nations sorties toutes des antres glacés de la Scandinavie, et principalement de la Chersonèse cimbrique et des bords de la mer Baltique. Enfin, un philologue ne serait pas moins étonné d'apprendre qu'en Europe, la famille celtique a son foyer vers la Suède et les montagnes du nord, appelées jadis la fabrique du genre humain, selon Saxon le Grammairien (Voy. l'*Atlantica* de Rudbeck).

C'est en effet de cet ouvrage que sont tirées les assertions relatives à la surabondance de population de la Scandinavie dans les anciens temps. Rudbeck va même plus loin, puisqu'il place, dans la péninsule scandinave, l'origine de toutes les nations, et tâche, à force d'érudition, de prouver que la Suède est le pays le plus anciennement habité. A l'en croire, elle est la véritable Atlantide de Platon ; les Grecs et les Romains lui doivent toute leur mythologie. Depuis long-temps les Suédois ont fait justice des rêveries de leur savant compatriote, mort en 1702, et ils doivent trouver singulier qu'elles soient répétées à Paris en 1817.

C'est d'après un auteur plus ancien que Rudbeck que la Scandinavie a été appelée la fabrique ou la pépinière du genre humain. Cet auteur est Jornandès, Goth de naissance, qui fut secrétaire d'un roi des Alains, et , à ce qu'on croit, par la suite évêque de Ravenne. En 552, il écrivit une histoire des Goths (*De geticæ gentis Origine ac Rebus gestis*). Ce livre, fait sans critique, a été traduit en français par Drouet de Maupertuis (Paris, 1703, 1 vol. in-12). Jornandès, après avoir décrit l'île *Scanzia* (la Scanie), continue ainsi : *Ex hac igitur Scanzia insula, quasi officina gentium, certe velut vagina nationum, cum rege suo Berich, Gothi quondam memorantur egressi.* Drouet de Maupertuis rend ainsi ce passage : « C'est donc de cette île de « Scanzie, comme de la source des nations, que sor- « tirent les premiers Goths sous la conduite de leur « roi Berig. » Cette version n'est pas très exacte , et surtout elle ne donne pas la véritable explication des mots *officina* et *vagina* : ceux-ci sont mieux interprétés dans les passages cités plus haut par les expressions de *fabrique* et *pépinière.*

Du reste, il est évident que Jornandès n'a eu en vue que la Scanie. C'est la province de Suède la plus méridionale et où le climat est le moins rigou- reux ; c'est par conséquent une des plus peuplées, parce que, comme chacun sait , la population est en raison de la culture des terres ; mais, à me- sure que l'on va vers le nord , les récoltes, deve- nant moins abondantes et plus précaires à propor- tion que la température est plus rude , la popula- tion diminue aussi. Nous nous contenterons de ci- ter deux exemples à l'appui de notre assertion. La

Scanie comprend deux préfectures ; nous les comparerons à celle du Norrbotn ou Botnie septentrionale, qui est la plus reculée vers le nord.

	lieues carrées.	habitans.
Malmœhuus. . . .	230	192,000
Christianstad . . .	282	120,000
Norrbotn.	4,275	40,600.

Le Norrland, dont cette dernière préfecture fait partie, a une surface de 12,140 lieues, et seulement 196,700 habitans. Ceux-ci, malgré tous leurs efforts, ne peuvent récolter assez de grains pour se nourrir, ce qui explique la faible population de cette contrée. Peut-on croire, comme on l'a dit de nos jours, qu'au cinquième siècle de notre ère, les vaillans enfans du nord, les Cimbres, les Huns, les Goths, les Vandales, les Alains, les Visigoths et toutes ces races belliqueuses, qui débordèrent par torrens et accoururent comme des loups dévorans, à la chute du grand cadavre de l'empire romain, soient sorties de ces contrées boréales ? A cette époque, elles étaient encore plus mal peuplées qu'aujourd'hui, parce qu'elles étaient barbares. Ce n'est que dans les temps modernes que le nombre des hommes y a fait des progrès, parce qu'ils ont vécu paisiblement sous la protection d'un gouvernement doux et équitable ; mais ces progrès ont un terme, et jamais cette région boréale ne sera aussi peuplée, à proportion, que notre département des Hautes-Alpes, qui est le plus montagneux de la France , et sur une surface de 230 lieues carrées, ne compte que 129,000 habitans ; cependant ce département est situé sous le 45ᵉ degré de latitude, et l'on récolte du vin dans plusieurs de ses vallées; mais la plupart ont un hiver de huit mois et un sol stérile.

C'est à cause de cette stérilité du terrain presque partout montagneux et de l'âpreté de son climat, que la Norvège, dont la limite au sud est sous les 57° 58′, et au nord sous 71° de latitude, n'a que 1,050,100 habitans, sur une surface de 15,700 lieues carrées. Ce n'est qu'un peu plus que notre département du nord, qui en a 962,000, sur une surface de 300 lieues. La population pourra s'accroître en Norvège, mais jamais on ne la verra égaler celle des pays situés dans la partie moyenne de la zone tempérée.

Il en sera de même de la Suède, dont la surface est de 24,600 lieues carrées, et la population de 2,800,000 ames. Trop d'empêchemens que nous avons signalés s'opposent à l'augmentation du nombre de ses habitans à l'infini.

Il est également improbable qu'il en puisse être autrement pour la Russie d'Europe. Des auteurs emportés par leur zèle pour la multiplication de l'espèce humaine, ont à l'aide de calcul très ingénieux, supputé que dans un nombre d'années déterminé, cette partie de l'empire compterait 240,000,000 d'habitans. C'est beaucoup.

A l'époque actuelle elle en a 43,000,000. La po-

(60)

pulation la plus compacte se trouve dans les provinces du centre, autour de l'ancienne capitale de
l'empire; c'est là qu'elle fait des progrès rapides et
vraiment surprenant. Storch, dans son *Tableau de
la Russie* (édition française, 1801), observe avec
raison que si les meilleures et les plus fertiles provinces de la Russie étaient toutes aussi peuplées que
les gouvernemens de Kalouga, Toula et Tcherni-
gov, la partie européenne aurait plus de 100,000,000
d'habitans, puis il ajoute : « La partie de la Russie
la plus peuplée est entre les 49 et 58° de latitude.
La population diminue graduellement en allant au
nord ou au sud. Certaines contrées sont rendues
inhabitables par la rigueur du climat; et dans celles
mêmes qui jouissent de la température la plus agréa-
ble, la disette de bois et d'eau a rendu inutiles
toutes les tentatives qui ont été faites pour les ha-
biter; dans d'autres provinces, l'industrie des.hom-
mes a été si peu favorisée par la nature, que,
dépourvus de tout, ils ont été forcés d'abandonner
leurs travaux. Loin de pouvoir dire que ces contrées
sont dépeuplées, on pourrait soutenir que la population étant partout relative, elles sont autant habitées que les circonstances le permettent, puisqu'un
plus grand nombre d'hommes que ceux qui y sont
n'y pourrait subsister. »

Les provinces au nord du 58ᵐᵉ parallèle, sont en
effet très faiblement peuplées, nous n'en citerons
que trois :

	lieues carrées.	habitans.
Vologda	23,350	802,200.
Olonets	9,700	359,000.
Arkhangel	34,250	263,000.

L'étendue de ce dernier gouvernement égale presque celle de l'empire d'Autriche, et l'emporte sur celle de la France, de la Hollande, de la Belgique et de la Suisse réunies.

La Finlande, qui est entièrement au nord du 58me parallèle, a 1,580,000 habitans, sur 15,910 lieues carrées de surface; son étendue est plus considérable que celle de la Grande-Bretagne et de l'Irlande (15,400 lieues carrées). Est-ce donc sérieusement que l'on soutient la thèse suivant laquelle les zones glaciales se surchargent d'habitans?

Maintenant jetons les yeux sur quelques-unes des provinces de la Russie européenne, qui, jouissant d'un climat favorable, ont un sol qui s'oppose aux progrès de la population.

	lieues carrées.	habitans.
Saratov	11,700	1,333,500.
Astrakhan	8,610	227,700.
Cosaques du Don.	10,028	369,800.
Caucase	6,200	146,500.

Deux de ces provinces sont presque aussi grandes que la Confédération germanique ou que la Prusse; mais elles ne les égaleront jamais pour le nombre de leurs habitans.

Du reste, quiconque écrit sur le mouvement de

la population en Russie, ne doit pas perdre de vue quelques considérations essentielles ; nous les tirons de l'ouvrage de Storch , à qui l'on ne peut adresser, comme à d'autres auteurs, le reproche d'avoir cherché à déprécier l'empire des tzars. Cet écrivain pense (tom. I, page 270) que, d'après plusieurs faits , on peut présumer que les listes de mortalité , ne sont pas rédigées avec autant d'exactitude que celles des naissances : il est possible que cela ait changé. Ailleurs, Storch expose que, sur 1,000 personnes de 20 à 60 ans, il en meurt 817 à S. Pétersbourg ; ce qui, sur un nombre égal, donne 273 individus de plus que dans les autres pays, et 97 plus qu'à Londres même, où la mortalité est plus forte que dans toutes les autres grandes villes. Ce triste résultat n'est malheureusement pas borné à la capitale. Storch observe que, d'après les listes de mortalité , ces décès multipliés, surtout chez le sexe masculin, sont occasionés principalement par des fièvres chaudes et par la consomption , suite de l'usage immodéré des liqueurs fortes.

Cet auteur dit que l'accroissement étonnant de population, qui, d'après les listes officielles de naissances et de décès, doit avoir lieu dans l'empire, peut faire naître des doutes sur l'exactitude de ces listes : du reste , il convient que cette augmentation prodigieuse n'est pas sans exemple.

Des deux grands obstacles à l'accroissement de la population en Russie, l'un consiste dans la rigueur du climat ou dans la stérilité de telles ou telles provinces; l'autre, dans le penchant de la nation pour les liqueurs fortes. Le gouvernement fait tout ce qu'il peut pour remédier au premier de ces inconvéniens, et généralement il y réussit. Quant au second, ce n'est point par de simples ordonnances qu'il peut y remédier ; il faut, pour que le mal disparaisse, que la masse du peuple puisse apprécier la dignité de l'homme : alors seulement elle aura la force de renoncer à un penchant funeste dont elle est la victime.

Nous terminerons ici ces recherches ; elles avaient pour objet de démontrer que, de cinq parties du monde, l'Europe était celle qui offrait la plus grande quantité de surface habitable ; nous espérons y avoir réussi. Les faits que nous avons cités étaient connus ; mais nous croyons que leur rapprochement, pour appuyer la proposition que nous avons énoncée, n'avait pas encore été essayé. On peut être surpris de ce que plus d'un tiers de la surface du globe soit destiné à rester faiblement peuplé, et même, dans quelques parties, complètement inhabité par l'homme. Mais il lui reste encore assez d'espace pour s'étendre, et si des pays sont surchargés d'habitans, d'autres attendent une population plus considérable.

IMPRIMERIE D'A. PIHAN DE LA FOREST,
rue des Noyers, n. 37.

www.ingramcontent.com/pod-product-compliance
Lightning Source LLC
LaVergne TN
LVHW011449180726
843503LV00007BA/2955